Impressum
Verlag: BABADADA GmbH, Nedderfeld 112 , 22529 Hamburg
Geschäftsführer / Verlagsleitung: Harald Hof
Druck: Books on Demand GmbH, In de Tarpen 42, 22848 Norderstedt

Imprint
Publisher: BABADADA GmbH, Nedderfeld 112 , 22529 Hamburg, Germany
Managing Director / Publishing direction: Harald Hof
Print: Books on Demand GmbH, In de Tarpen 42, 22848 Norderstedt, Germany

escola

مدرسه

sala de aulas
کلاس درس
dividir
تقسیم کردن
186/2
quadro
تخته
pátio da escola
professor
معلم
papel
کاغذ
escrever
نوشتن
caneta
خودکار
secretária
میز تحریر
régua
خط کش
livro
کتاب
aluno
دانش آموز

mochila

کیف مدرسه

estojo de lápis

جامدادی

lápis

مداد

afia-lápis

تراش

borracha

پاک کن

bloco de desenho

دفتر رسم

desenho

طراحی

pincel

قلم مو

caixa de tintas

جعبه ی آبرنگ

tesoura

قیچی

cola

چسب

livro de exercícios

کتاب تمرین

trabalhos de casa

تکلیف خانه

12

número

رقم

2+2

somar

جمع کردن

5-2

subtrair

تفریق کردن

2×2

multiplicar

ضرب کردن

calcular

محاسبه کردن

A

letra

حرف الفبا

ABCDEFG HIJKLMN OPQRSTU VWXYZ

alfabeto

الفبا

hello

palavra

کلمه

texto

متن

ler

خواندن

giz

گچ

hora

درس

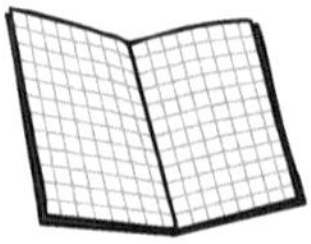

registo de presenças

ثبت نام

exame

امتحان

certificado

مدرک رسمی

uniforme escolar

لباس مدرسه

educação

تحصیلات

enciclopédia

دانشنامه

universidade

دانشگاه

microscópio

میکروسکوپ

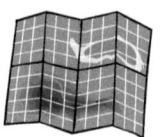

mapa

نقشه

cesto de lixo

سبد کاغذ باطله

hotel
هتل
Grand
hostel
مسافرخانه
ROOMS
casa de câmbio
صرافی
mala
چمدان
carro
اتومبیل

idioma

زبان

sim / não

بله / خیر

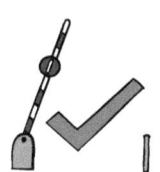

ok / certo / correto

اُکی

olá

سلام

intérprete

مترجم

obrigado

ممنون

quanto é que custa... ?

قیمت ... چه قدر است؟

não entendo

من متوجه نمی شوم

problema

مشکل

boa noite!

عصر بخیر! / شب بخیر!

Bom dia!

صبح بخیر!

Boa noite!

شب بخیر!

adeus

خدانگهدار

direção

جهت

bagagem

بار سفر

saco

کیف

mochila

کوله پشتی

convidado

مهمان

quarto

اتاق

saco-cama

کیسه خواب

tenda

خیمه

informação turística

مرکز راهنمای گردشگران

praia

ساحل

cartão de crédito

کارت اعتباری

pequeno-almoço

صبحانه

almoço

نهار

jantar

شام

bilhete

بلیط

elevador

آسانسور

selo postal

مهر

fronteira

مرز

alfândega

گمرک

embaixada

سفارتخانه

visto

ویزا

passaporte

گذرنامه

transporte

حمل و نقل

avião
هواپیما
navio
کشتی
carro de bombeiros
ماشین آتش نشانی
autocarro
اتوبوس
camião
کامیون
barco a motor
قایق موتوری
bicicleta
دوچرخه
carro
اتومبیل

cacilheiro

کشتی مسافربری

barco

قایق

mota

موتورسیکلت

carro de polícia

ماشین پلیس

carro de corrida

ماشین مسابقه

carro alugado

ماشین کرایه ای

carsharing

به اشتراک گذاری اتوموبیل

camião de reboque

جرثقیل

camião do lixo

ماشین حمل زباله

motor

موتور

combustível

بنزین

estação de serviço

پمپ بنزین

sinal de trânsito

تابلو راهنمایی و رانندگی

trânsito

عبور و مرور

congestionamento de trânsito

ترافیک

parque de estacionamento

پارکینگ

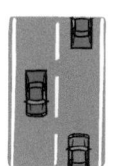

estação ferroviária

ایستگاه قطار

carris

ریل راه آهن

comboio

قطار

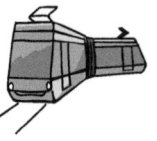

elétrico

قطار برقی

carruagem

واگن

helicóptero

هلیکوپتر

aeroporto

فرودگاه

torre

برج

passageiro

مسافر

contentor

کانتینر

caixa de papelão

کارتن

carrinho

گاری

cesto

سبد

levantar voo / aterrar

به پرواز درآمدن / فرود آمدن

cidade

شهر

aldeia

دهکده

centro da cidade

مرکز شهر

casa

خانه

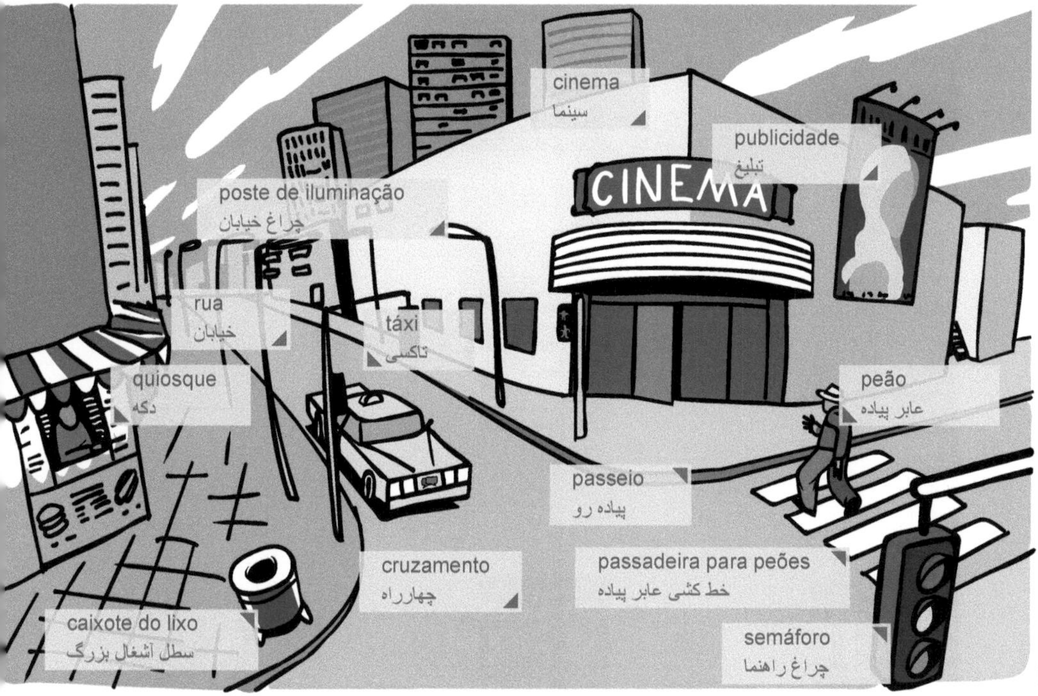

cinema
سینما

publicidade
تبلیغ

poste de iluminação
چراغ خیابان

rua
خیابان

táxi
تاکسی

quiosque
دکه

peão
عابر پیاده

passeio
پیاده رو

cruzamento
چهارراه

passadeira para peões
خط کشی عابر پیاده

caixote do lixo
سطل آشغال بزرگ

semáforo
چراغ راهنما

cabana
كلبه

apartamento
آپارتمان

estação ferroviária
ایستگاه قطار

câmara municipal
ساختمان شهرداری

museu
موزه

escola
مدرسه

universidade

دانشگاه

banco

بانک

hospital

بیمارستان

hotel

هتل

farmácia

داروخانه

escritório

اداره

livraria

کتابفروشی

loja

مغازه

florista

گل فروشی

supermercado

سوپرمارکت

mercado

بازار

loja de departamentos

فروشگاه بزرگ

peixaria

ماهی فروش

centro comercial

مرکز خرید

porto

بندر

parque

پارک

banco

نیمکت

ponte

پل

escadas

پله

metro

مترو

túnel

تونل

paragem de autocarro

ایستگاه اتوبوس

bar

میخانه

restaurante

رستوران

caixa de correio

صندوق پست

sinal de trânsito

تابلوی خیابان

parquímetro

دستگاه پارکومتر

jardim zoológico

باغ وحش

piscina

استخر شنای عمومی

mesquita

مسجد

quinta

مزرعه

poluição

آلودگی محیط زیست

cemitério

قبرستان

igreja

کلیسا

parque infantil

زمین بازی

templo

معبد

paisagem
چشم انداز

folha / برگ

placa de sinalização / تابلوی راهنمای مسیر

caminho / راه

prado / چمنزار

pedra / سنگ

árvore / درخت

caminhantes / راه نورد

rio / رودخانه

relva / چمن

flor / گل

vale

دره

montanha

تپه

lago

دریاچه

floresta

جنگل

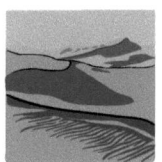

deserto

بیابان

vulcão

کوه آتشفشان

castelo

قلعه

arco-íris

رنگین کمان

cogumelo

قارچ

palma

درخت نخل

mosquito

پشه

mosca

مگس

formiga

مورچه

abelha

زنبور

aranha

عنکبوت

besouro

سوسک

sapo

قورباغه

esquilo

سنجاب

ouriço

جوجه تیغی

lebre

خرگوش صحرایی

coruja

جغد

pássaro

پرنده

cisne

قو

javali

گراز

veado

گوزن نر

alce

گوزن شمالی

barragem

سد آب

turbina eólica

توربین بادی

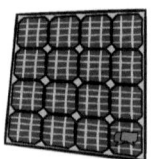

painel solar

صفحه ی خورشیدی

clima

آب و هوا

restaurante
رستوران

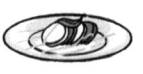

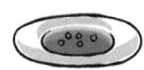

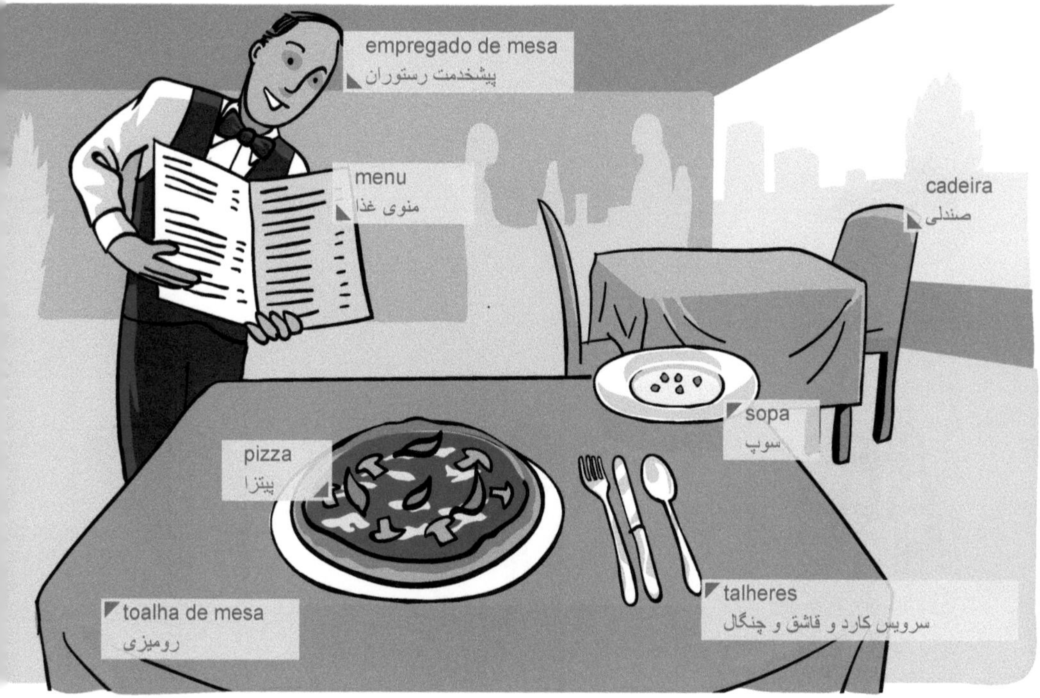

empregado de mesa
پیشخدمت رستوران
menu
منوی غذا
cadeira
صندلی
sopa
سوپ
pizza
پیتزا
talheres
سرویس کارد و قاشق و چنگال
toalha de mesa
رومیزی

entrada

پیش‌غذا

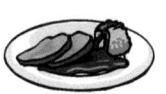

prato principal

غذای اصلی

sobremesa

دسر

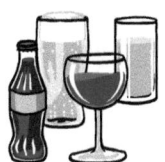

bebidas

نوشیدنی ها

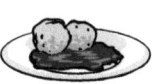

comida

غذا

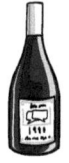

garrafa

بطری

fast food

فست فود

comida de rua

اغذیه خیابانی

bule de chá

قوری

açucareiro

قندان

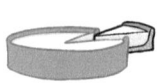

porção

پُرس غذا

máquina de café expresso

دستگاه اسپرسو

cadeira alta

صندلی پایه بلند غذاخوری بچه

conta

صورتحساب

bandeja

سینی

faca

چاقو

garfo

چنگال

colher

قاشق

colher de chá

قاشق چایخوری

guardanapo

دستمال سفره

copo

لیوان

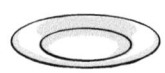

prato

بشقاب

prato de sopa

بشقاب سوپخوری

pires

نعلبكی

molho

سس

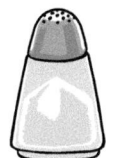

saleiro

نمكدان

moinho de pimenta

فلفل ساب

vinagre

سركه

óleo

روغن خوراكی

especiarias

ادویه جات

ketchup

سس کچاپ

mostarda

سس خردل

maionese

سس مايونز

supermercado

سوپرمارکت

oferta especial
پیشنهاد ویژه
cliente
مشتری
laticínios
لبنیات
fruta
میوه جات
carrinho de compras
چرخ دستی خرید

talho

قصابی

padaria

نانوایی

pesar

وزن کردن

vegetais

سبزیجات

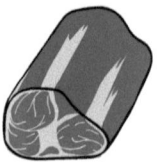

carne

گوشت

alimentos congelados

غذای منجمد

charcutaria

مخلوطی از انواع کالباس یا پنیر که
ورقه ای بریده شده باشند

comida enlatada

غذای کنسروی

detergente em pó

پودر لباسشویی

doces

شیرینی جات

artigos domésticos

لوازم خانگی

produtos de limpeza

ماده شوینده و پاک کننده

vendedora

فروشنده

caixa

صندوق پرداخت

caixa

صندوقدار

lista de compras

لیست خرید

horário de funcionamento

ساعات کار

carteira

کیف پول

cartão de crédito

کارت اعتباری

saco

کیف

saco de plástico

کیسه ی پلاستیکی

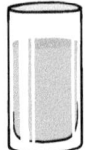

bebidas
نوشیدنی ها

água

آب

sumo

آبمیوه

leite

شیر

coca-cola

نوشابه کوکاکولا

vinho

شراب

cerveja

آبجو

álcool

الکل

cacau

کاکائو

chá

چای

café

قهوه

café expresso

قهوه اسپرسو

capuccino

کاپوچینو

banana

موز

maçã

سیب

laranja

پرتقال

melão

انواع هندوانه و خربزه

limão

لیمو

cenoura

هویج

alho

سیر

bambu

نی بامبو

cebola

پیاز

cogumelo

قارچ

nozes

آجیل

talharim

ماکارونی

esparguete

اسپاگتی

arroz

برنج

salada

سالاد

batatas fritas

سیب زمینی سرخ کرده

batatas fritas

سیب زمینی سرخ شده

pizza

پیتزا

hambúrguer

همبرگر

sanduíche

ساندویچ

bife panado

شنیتسل

fiambre

ژامبون خوک

salame

سالامی

salsicha

سوسیس

galinha

مرغ

assado

نوعی گوشت سرخ شده

peixe

ماهی

flocos de aveia

جوی پرک شده

muesli

نوعی صبحانه مخلوطی از برگه ذرت و
میوه های خشک شده و خشکبار که
معمولا با شیر خورده می شود

flocos de milho

کورن‌فلکس

farinha

آرد

croissant

کرواسان

carcaça (pãozinho)

نان بروتشن

pão

نان

torrada

نان تست

biscoitos

بیسکویت

manteiga

کره

requeijão

کشک

bolo

کیک

ovo

تخم مرغ

ovo estrelado

تخم مرغ نیمرو

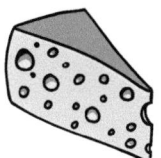

queijo

پنیر

gelado

بستنی

açúcar

شکر

mel

عسل

compota

مربا

creme de nougat

کرم شکلاتی بادامی

caril

ادویه کاری

quinta
مزرعه

خانه ی مزرعه داران
celeiro
انبار غله
fardo de palha
campo
مزرعه
cavalo
اسب
reboque
ماشین یدک کش
trator
تراکتور
potro
کره اسب
burro
خر
ovelha
گوسفند
cordeiro
بره

cabra

بز

vaca

گاو ماده

bezerro

گوساله

porco

خوک

leitão

بچه خوک

touro

گاو نر

ganso

غاز

pato

اردک

pintaínho

جوجه

galinha

مرغ

galo

خروس

ratazana

موش صحرایی

gato

گربه

rato

موش

boi

گاو نر اخته

cão

سگ

casota

لانه ی سگ

mangueira de jardim

شلنگ باغبانی

regador

آبپاش

foice

داس دسته بلند

arado

گاوآهن

foice

داس

enxada

کج بیل

forquilha

چنگک باغبانی

machado

تبر

carrinho de mão

فرقون

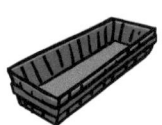

manjedoura

آبشخور

jarro de leite

بطری نگهداری شیر

saco

کیسه

cerca

حصار

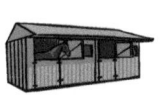

estábulo

اصطبل

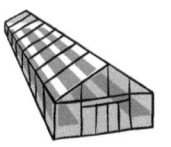

estufa

گلخانه

solo

خاک

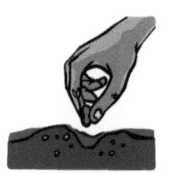

semente

بذر

fertilizante

کود

ceifeira-debulhadora

ماشین کمباین

colher

برداشت کردن محصول

colheita

محصول

inhame

تمیس

trigo

گندم

soja

سویا

batata

سیب زمینی

milho

ذرت

colza

کلزا

árvore de fruto

درخت میوه

mandioca

گیاه مانیوک

cereais

غلات

casa

خانه

chaminé
دودکش
telhado
پشت بام
caleira
ناودان
janela
پنجره
garagem
گاراژ
campainha da porta
زنگ در
porta
در
balde do lixo
سطل آشغال
caixa de correio
صندوق مراسلات
jardim
باغ

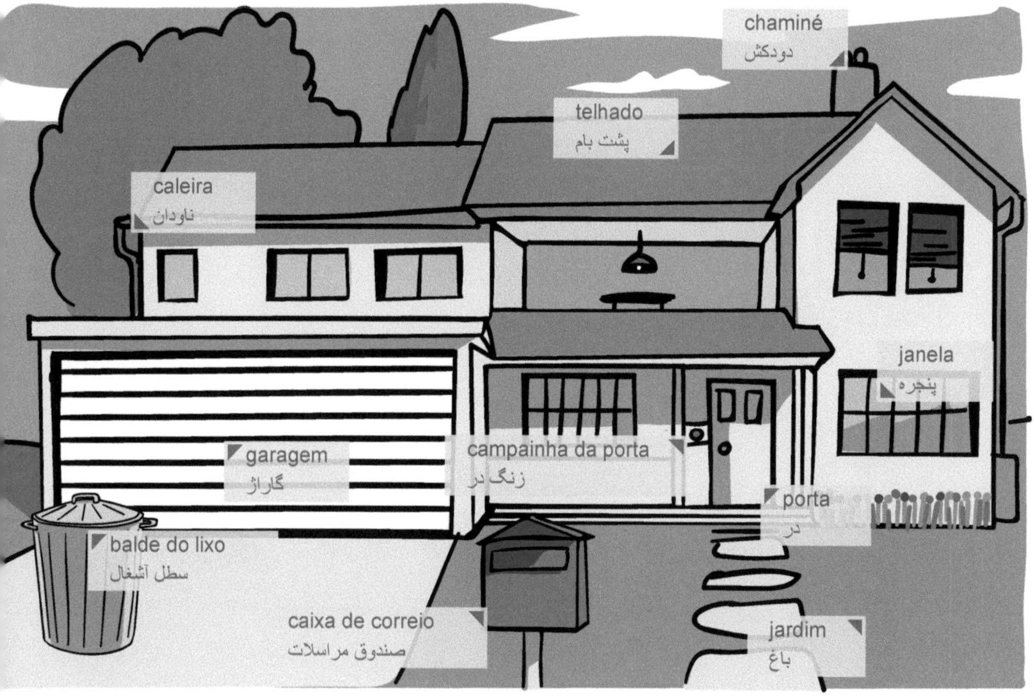

sala de estar

اتاق نشیمن

casa de banho

حمام

cozinha

آشپزخانه

quarto de dormir

اتاق خواب

quarto de criança

اتاق بچه

sala de jantar

ناهارخوری

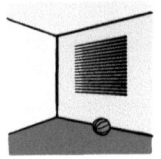

chão

کف زمین

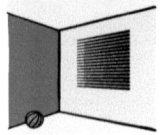

parede

دیوار

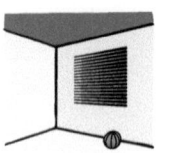

teto

سقف

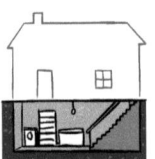

cave

زیرزمین

sauna

سونا

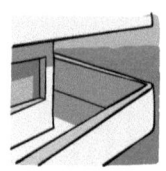

varanda

بالکن

terraço

تراس

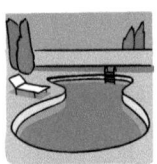

piscina

استخر

máquina de cortar relvado

ماشین چمن‌زنی

lençol

ملافه

cobertor

روتختی

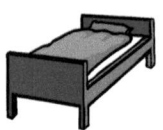

cama

تخت خواب

vassoura

جارو

balde

سطل

interruptor

سویچ یا کلید

sala de estar

اتاق نشیمن

کاغذ دیواری
imagem
عکس
lâmpada
لامپ
prateleira
قفسه
armário
کابینت
televisão
تلویزیون
lareira
شومینه
flor
گل
almofada
کوسن
sofá
کاناپه
vaso
گلدان
controlo remoto
کنترل تلویزیون و ویدئو و غیره

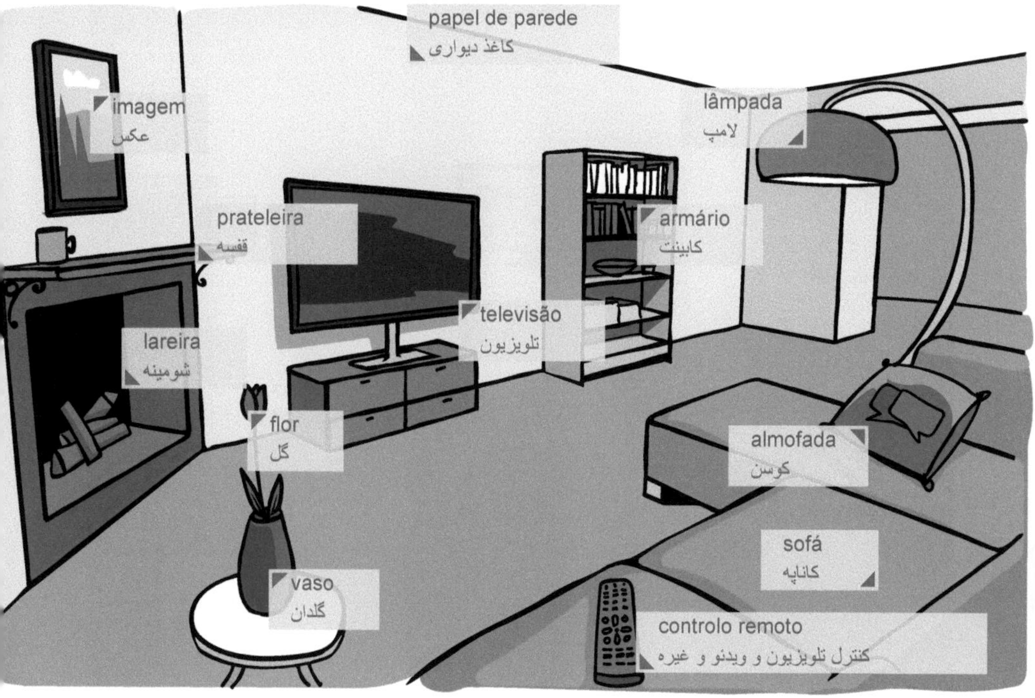

tapete

فرش

cortina

پرده

mesa

میز

cadeira

صندلی

cadeira de baloiço

صندلی گهواره ایی

poltrona

صندلی راحتی

livro

كتاب

cobertor

لحاف

decoração

دكوراسيون

lenha

هيزم

filme

فيلم

sistema estéreo

دستگاه ضبط صوت

chave

كليد

jornal

روزنامه

pintura

تابلو نقاشى

póster

پوستر

rádio

راديو

bloco de notas

دفترچه يادداشت

aspirador

جاروبرقى

cato

كاكتوس

vela

شمع

cozinha

آشپزخانه

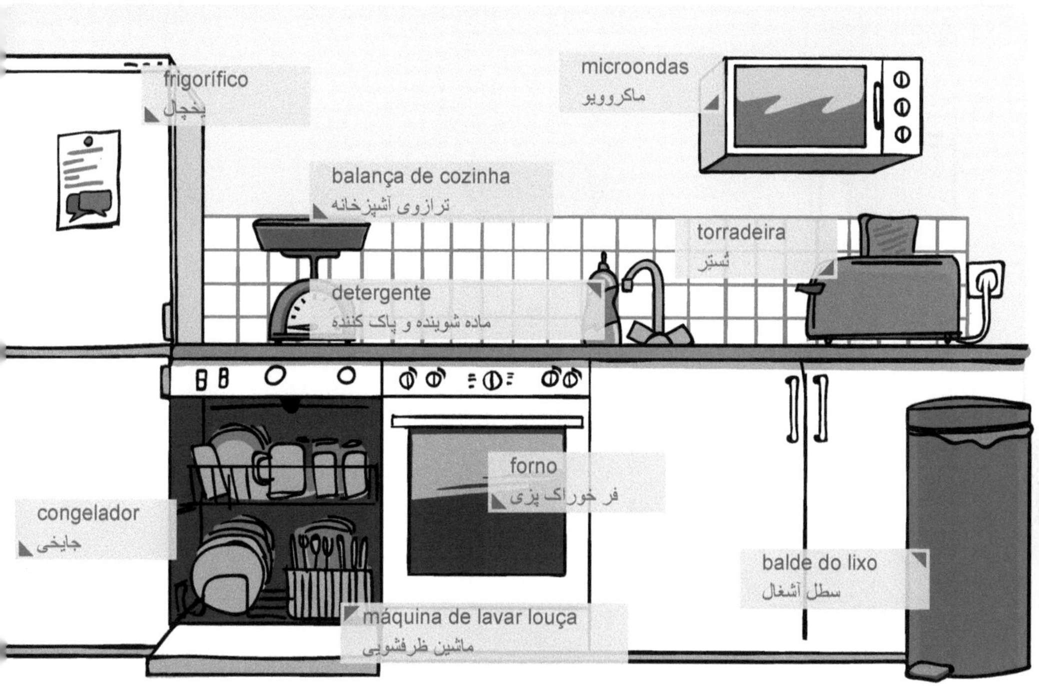
frigorífico
یخچال
microondas
ماکروویو
balança de cozinha
ترازوی آشپزخانه
torradeira
تُستر
detergente
ماده شوینده و پاک کننده
forno
فر خوراک پزی
congelador
جایخی
balde do lixo
سطل آشغال
máquina de lavar louça
ماشین ظرفشویی

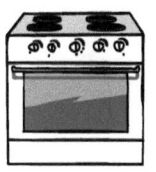

fogão

اجاق گاز

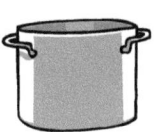

panela

قابلمه

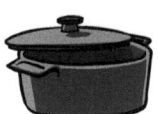

panela de ferro

قابلمه چدنی

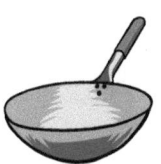

wok / kadai

ماهی تابه گود

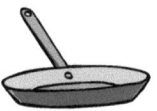

frigideira

ماهی تابه

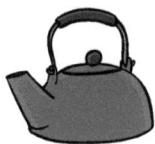

chaleira

کتری

panela a vapor

بخارپز

tabuleiro de forno

سینی فر

louça

ظرف چینی آشپزخانه

caneca

لیوان

tigela

کاسه

pauzinhos

چاپستیک

concha de sopa

ملاقه

espátula

کفگیر

batedor de claras

همزن

escorredor

آبکش

peneira

آبکش

ralador

رنده

almofariz

هاون

churrasqueira

باربیکیو

lareira

محل مخصوص افروختن آتش

tábua de cortar

تخته گوشت و سبزی

rolo da massa

وردنه

saca-rolhas

در بطری بازکن

lata

قوطی

abridor de latas

در قوطی بازکن

luvas de forno

دستگیره پارچه ای

lava-loiça

سینک ظرفشویی

escova

برس گردگیری

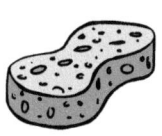

esponja

اسفنج

liquidificador

مخلوط کن

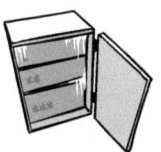

arca frigorífica

فریزر

biberão

شیشه شیر بچه

torneira

شیر آب

casa de banho

حمام

aquecimento
بخاری
chuveiro
دوش
toalha
حوله
cortina de chuveiro
پرده ی حمام
banho de espuma
حمام کف
banheira
وان حمام
copo
لیوان
máquina de lavar roupa
ماشین لباسشویی
torneira
شیر آب
azulejos
کاشی
penico
لگن دستشویی کودکان
lava-loiça
سینک ظرفشویی

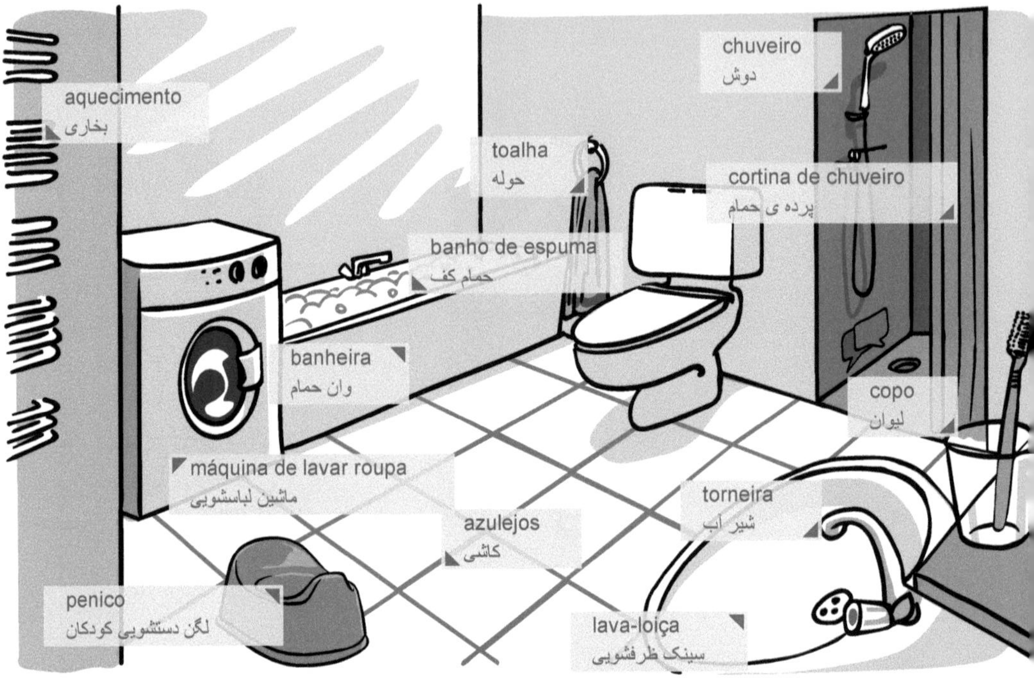

sanita
توالت

retrete turca
توالت ایرانی

bidé
کاسه توالت

urinol
توالت مخصوص آقایان

papel higiénico
دستمال توالت

piaçaba
فرچه توالت

escova de dentes

مسواک

pasta de dentes

خمیردندان

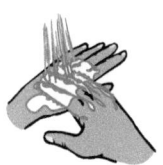

fio dentário

نخ دندان

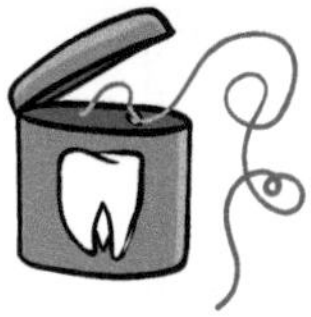

lavar

شستن

chuveiro de mão

دوش آب تلفنی

duche íntimo

شلنگ توالت

bacia

لگن روشویی

escova para as costas

برس شست و شوی پشت

sabonete

صابون

gel de banho

شامپو بدن

champô

شامپو

toalha de rosto

لیف حمام

escoamento

راه آب

creme

کرم

desodorizante

اسپری دئودورانت

espelho

آیینه

espelho de mão

آیینه ی کوچک دستی

máquina de barbear

تیغ ریش تراشی

creme de barbear

کف ریش‌تراشی

loção pós-barba

افترشیو

pente

شانه ی سر

escova

برس

secador de cabelo

سشوار

spray de cabelo

اسپری مو

maquilhagem

آرایش

batom

رژلب

verniz de unhas

لاک ناخن

algodão

پنبه

tesoura para unhas

قیچی ناخن

perfume

عطر

nécessaire

کیف لوازم آرایشی و بهداشتی

tamborete

چهارپایه

balança

ترازو

roupão de banho

حوله ی پالتویی

luvas de borracha

دستکش ظرفشویی

tampão

تامپون

penso higiénico

نوار بهداشتی

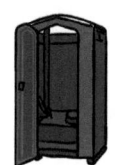

WC químico

توالت سیار

quarto de criança

اتاق بچه

despertador
ساعت زنگدار
peluche
نوعی عروسک نرم به شکل حیوانات
carro de brincar
ماشین اسباب بازی
chocalho
casa de bonecas
خانه ی عروسکی
presente
کادو

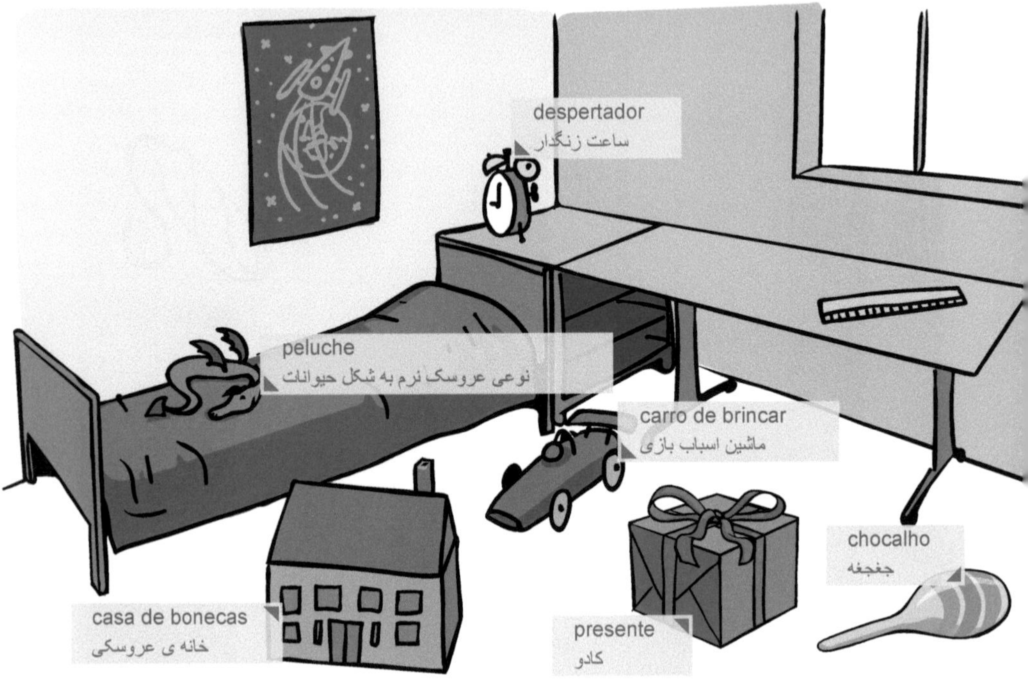

balão
بادکنک

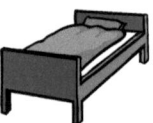

cama
تخت خواب

carrinho de bebé
کالسکه بچه

jogo de cartas
بازی ورق

quebra-cabeças
پازل

banda desenhada
داستان مصور

peças de Lego

اسباب بازی لگو

blocos de construção

خانه سازی

figura de ação

عروسک شخصیت های فیلم و کارتون

fato de bebé

لباس نوزاد

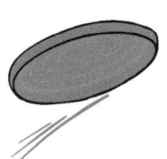

Frisbee

فریزبی

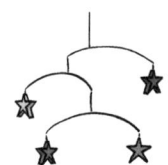

móbile para bebé

نوعی اسباب بازی که روی تخت نوزاد
یا کودک نصب می شود

jogo de tabuleiro

بازی روی صفحه

dados

تاس

pista de comboio elétrico

قطار اسباب بازی

chupeta

پستانک

festa

مهمانی

livro ilustrado

کتاب مصور

bola

توپ

boneca

عروسک

jogar

بازی کردن

caixa de areia

جعبه شنی مخصوص بازی کودکان

baloiço

تاب

brinquedos

اسباب بازی

consola de jogos

کنسول بازی های کامپیوتری

triciclo

سه چرخه

ursinho de peluche

خرس عروسکی

guarda-roupa

کمد لباس

vestuário

لباس

meias

جوراب

meias pelo joelho

جوراب زنانه ساق بلند

meias-calças

جوراب شلواری

cachecol
شال

guarda-chuva
چتر

cinto
کمربند

t-shirt
تی شرت

sapatilhas
کفش ورزشی کتانی

botas
پوتین

chinelos
دمپایی

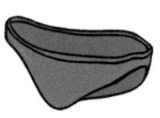

sandálias
....
صندل

sapatos
....
کفش

botas de borracha
....
چکمه پلاستیکی

cuecas
....
شرت

sutiã
....
سوتین

camisola interior
....
جلیقه

body

بادی

calças

شلوار

calças de ganga

جین

saia

دامن

blusa

بلوز

camisa

پیراهن

pulôver

پولیور

camisola com capuz

سویی شرت

blazer

نوعی کت

casaco

ژاکت

manto

کت بلند

gabardina

بارانی

traje

لباس نمایش

vestido

لباس

vestido de casamento

لباس عروس

vestuário - لباس

fato

كت و شلوار

camisa de dormir

لباس خواب زنانه

pijama

پیژامه

sari

ساری

lenço de cabeça

روسری

turbante

عمامه

burca

برقع

cafetã

قبا

abaya

عبا

fato de banho

لباس شنا

calções de banho

شرت شنا

calções

شلوارک

fato de treino

لباس ورزشی

avental

پیشبند

luvas

دستکش

botão

دکمه

óculos

عینک

pulseira

دستبند

colar

گردنبند

anel

انگشتر

brinco

گوشواره

boné

کلاه لبه دار

cabide

چوب لباسی

chapéu

کلاه

gravata

کراوات

fecho de correr

زیپ

capacete

کلاه ایمنی

suspensórios

بند شلوار

uniforme escolar

لباس مدرسه

uniforme

لباس فرم

babete

پیش بند بچه

chupeta

پستانک

fralda

پوشک بچه

escritório

اداره

servidor
سرور
armário de arquivo
کمد نگهداری پرونده
impressora
چاپگر
papel
کاغذ
ecrã
مانیتور
rato
ماوس
secretária
میز تحریر
pasta
زونکن
teclado
صفحه کلید
cesto de lixo
سبد کاغذ باطله
computador
کامپیوتر
cadeira
صندلی

caneca de café

لیوان قهوه

calculadora

ماشین حساب

internet

اینترنت

computador portátil

لپ تاپ

carta

نامه

mensagem

پیغام

telemóvel

تلفن همراه

rede

شبکه ی ارتباطی

fotocopiadora

دستگاه فتوکپی

software

نرم افزار

telefone

تلفن

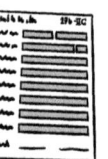

tomada elétrica

پریز

fax

دستگاه فاکس

formulário

فرم

documento

مدرک

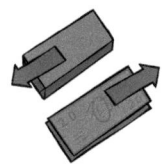

comprar

خریدن

pagar

پرداخت کردن

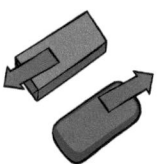

negociar

تجارت کردن

dinheiro

پول

dólar

دلار

euro

یورو

yen

ین

rublo

روبل

franco suíço

فرانک سوئیس

renminbi yuan

یوان رنمینبی

rupia

روپیه

caixa de multibanco

دستگاه خودپرداز

casa de câmbio

صرافى

ouro

طلا

prata

نقره

petróleo

نفت

energia

انرژی

preço

قیمت

contrato

قرارداد

imposto

مالیات

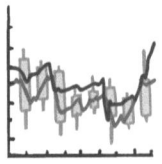

ação

سهام سرمایه

trabalhar

کار کردن

empregado

کارمند

entidade patronal

کارفرما

fábrica

کارخانه

loja

مغازه

profissões
مشاغل

agente da polícia
مامور پلیس
bombeiro
آتش نشان
cozinheiro
آشپز
médico
دکتر
piloto
خلبان

jardineiro
باغبان

carpinteiro
نجار

costureira
خیاط زنانه

juiz
قاضی

químico
شیمیدان

ator
بازیگر

motorista de autocarro

راننده اتوبوس

motorista de táxi

راننده تاکسی

pescador

ماهیگیر

empregada de limpeza

نظافتچی زن

telhador

سقف ساز

empregado de mesa

پیشخدمت رستوران

caçador

شکارچی

pintor

نقاش

padeiro

نانوا

eletricista

برقکار

construtor

کارگر ساختمانی

engenheiro

مهندس

talhante

قصاب

canalizador

لوله کش

carteiro

پستچی

soldado

سرباز

arquiteto

معمار

caixa

صندوقدار

florista

گل فروش

cabeleireiro

آرایشگر

controlador de bilhetes

مامور کنترل بلیط در قطار

mecânico

مکانیک

capitão

ناخدا

dentista

دندانپزشک

cientista

دانشمند

rabino

عالم یهودی

imã

امام

monge

راهب

pastor

کشیش

ferramentas

ابزارآلات

alicate
انبردست
martelo
چکش
chave de fendas
پیچ گوشتی
lanterna
چراغ قوه
chave inglesa
آچار

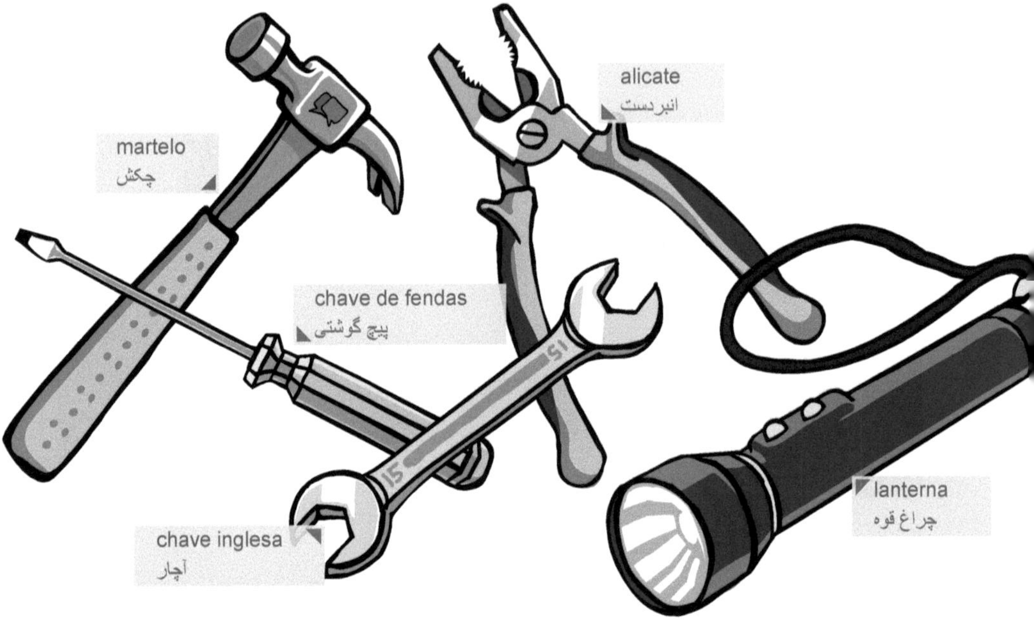

escavadora

بیل مکانیکی

caixa de ferramentas

جعبه ابزار

escadote

نردبان

serra

ارّه

pregos

میخ

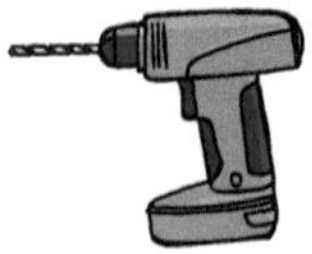

broca

مته

reparar

تعمیر کردن

pá

بیل

porcaria!

لعنتی!

pá de lixo

خاک انداز

pote de tinta

سطل رنگرزی

parafusos

پیچ

instrumentos musicais

آلات موسیقی

altifalante
بلندگو

bateria
درامز

contrabaixo
کنترباس

trompete
ترومپت

guitarra
گیتار

piano

پیانو

violino

ویولن

baixo

گیتار بیس

timbales

تیمپانی

tambor

طبل

teclado

کیبورد الکتریک

saxofone

ساکسیفون

flauta

فلوت

microfone

میکروفون

jardim zoológico
باغ وحش

entrada
ورودی
tigre
ببر
gaiola
قفس
zebra
گورخر
ração animal
خوراک حیوانات
panda
خرس پاندا

animais
حیوانات

elefante
فیل

canguru
کانگورو

rinoceronte
کرگدن

gorila
گوریل

urso
خرس

camelo

شتر

avestruz

شترمرغ

leão

شیر

macaco

میمون

flamingo

فلامینگو

papagaio

طوطی

urso polar

خرس قطبی

pinguim

پنگوئن

tubarão

کوسه

pavão

طاووس

cobra

مار

crocodilo

تمساح

guarda do jardim zoológico

نگهبان باغ وحش

foca

خوک آبی

jaguar

پلنگ امریکایی

pónei

اسب کوچک

leopardo

پلنگ

hipopótamo

اسب آبی

girafa

زرافه

águia

عقاب

javali

گراز

peixe

ماهی

tartaruga

لاک پشت

morsa

شیرماهی

raposa

روباه

gazela

غزال

desporto
ورزش ها

futebol americano
فوتبال آمریکایی
ciclismo
دوچرخه سواری
ténis
تنیس
basquetebol
بسکتبال
natação
شنا
boxe
بوکس
hóquei no gelo
هاکی روی یخ

futebol
فوتبال

badminton
بدمینتون

atletismo
دوومیدانی

andebol
هندبال

esqui
اسکی

polo
پولو

atividades

فعالیت ها

rir
خندیدن
saltar
پریدن
abraçar
بغل کردن
andar
راه رفتن
cantar
آواز خواندن
sonhar
رؤیا دیدن
rezar
دعا کردن
beijar
بوسیدن

escrever

نوشتن

desenhar

رسم کردن

mostrar

نشان دادن

empurrar

هل دادن

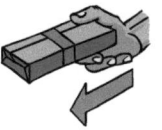

dar

دادن

tomar

برداشتن

ter

داشتن

fazer

انجام دادن

ser

بودن

ficar de pé

ایستادن

correr

دویدن

puxar

کشیدن

remessar

پرتاب کردن

cair

افتادن

deitar

دراز کشیدن

esperar

منتظر بودن

carregar

حمل کردن

sentar

نشستن

vestir

لباس پوشیدن

dormir

خوابیدن

acordar

بیدار شدن

olhar para

تماشا کردن

chorar

گریه کردن

acariciar

نوازش کردن

pentear

شانه کردن

falar

حرف زدن

compreender

فهمیدن

perguntar

پرسیدن

ouvir

شنیدن

beber

آشامیدن

comer

خوردن

arrumar

مرتب کردن

amar

عاشق بودن

cozinhar

پختن

conduzir

رانندگی کردن

voar

پرواز کردن

velejar

قایقرانی کردن

calcular

محاسبه کردن

ler

خواندن

aprender

یاد گرفتن

trabalhar

کار کردن

casar

ازدواج کردن

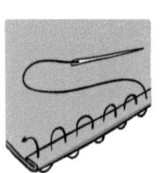

costurar

دوختن

escovar os dentes

مسواک زدن

matar

کشتن

fumar

سیگار کشیدن

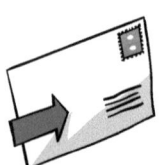

enviar

فرستادن

família

خانواده

avó
مادربزرگ
avô
پدربزرگ
pai
پدر
mãe
مادر
bebé
کودک
filha
فرزند دختر
filho
فرزند پسر

convidado

مهمان

tia

خاله، عمه

tio

دایی، عمو

irmão

برادر

irmã

خواهر

corpo

بدن

testa
پیشانی
olho
چشم
ombro
شانه
dedo
انگشت دست
cara
صورت
queixo
چانه
mão
دست
perna
ساق پا
peito
سینه
braço
بازو

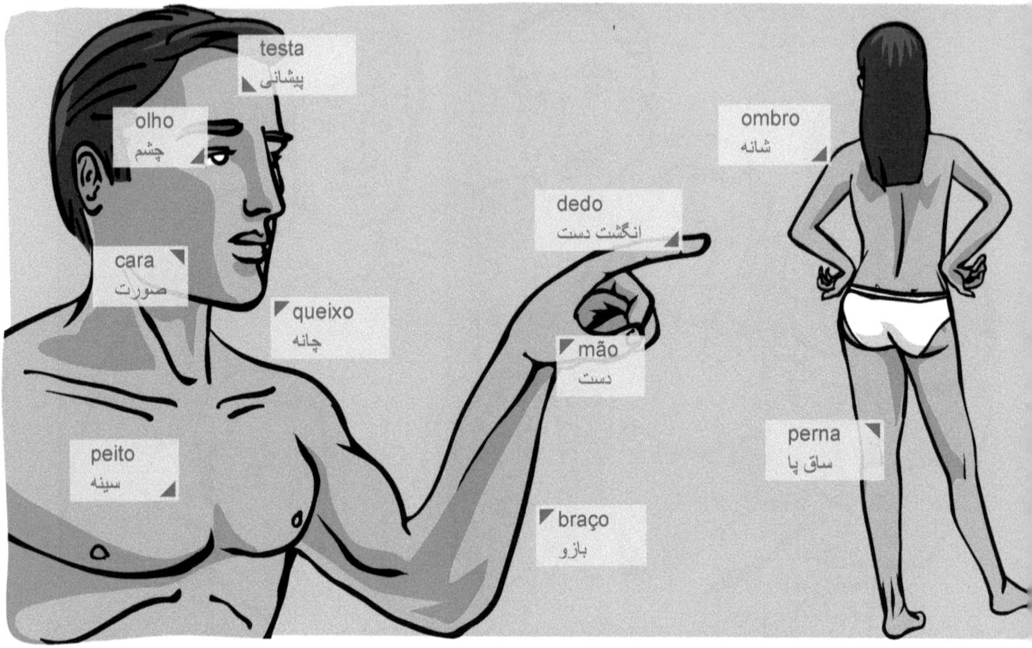

bebé

کودک

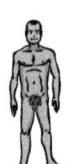

homem

مرد

mulher

زن

menina

دختربچه

menino

پسربچه

cabeça

کله

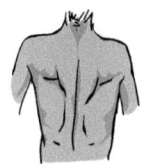

costas

کمر

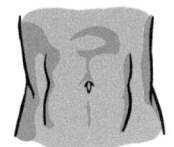

barriga

شکم

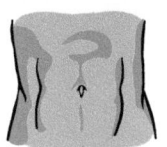

umbigo

ناف

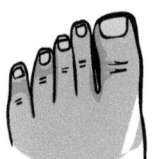

dedo do pé

انگشت پا

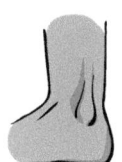

calcanhar

پاشنه

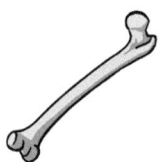

osso

استخوان

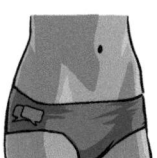

anca

لگن

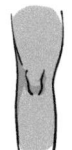

joelho

زانو

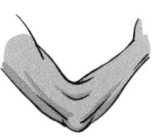

cotovelo

آرنج

nariz

بینی

nádegas

نشیمنگاه

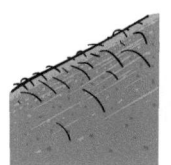

pele

پوست

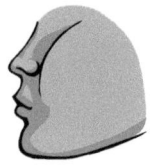

bochecha

گونه

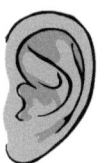

orelha

گوش

lábio

لب

boca

دهان

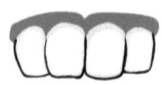

dente

دندان

língua

زبان

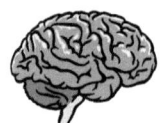

cérebro

مغز

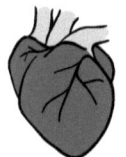

coração

قلب

músculo

عضله

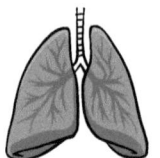

pulmão

ریه

fígado

کبد

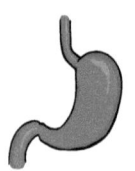

estômago

معده

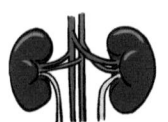

rins

کلیه

relações sexuais

آمیزش جنسی

preservativo

کاندوم

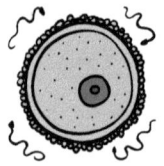

óvulo

تخمک

esperma

اسپرم

gravidez

حاملگی

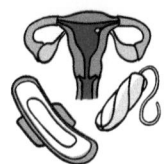

menstruação

......

پریود

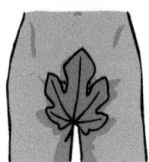

vagina

......

واژن

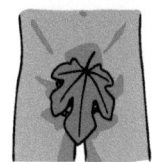

pénis

......

آلت تناسلی مرد

sobrancelha

......

ابرو

cabelo

......

مو

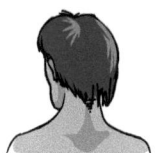

pescoço

......

گردن

hospital
بیمارستان

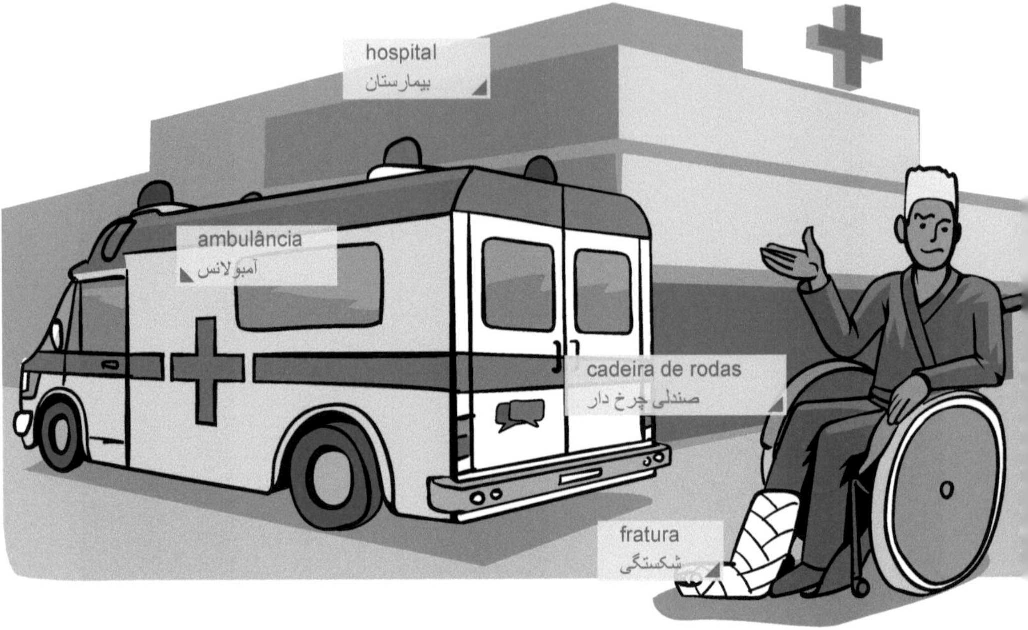

hospital
بیمارستان
ambulância
آمبولانس
cadeira de rodas
صندلی چرخ دار
fratura
شکستگی

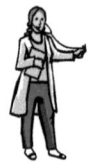

médico

دکتر

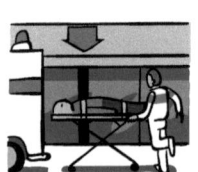

serviço de urgências

بخش اورژانس

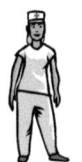

enfermeira

پرستار

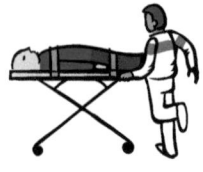

emergência

موقعیت اضطراری

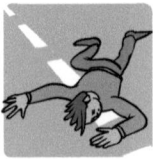

inconsciente

بی هوش

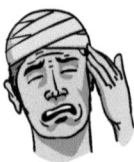

dor

درد

ferimento

مصدومیت

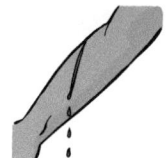

hemorragia

خونریزی

ataque cardíaco

سکته قلبی

acidente vascular cerebral

سکته مغزی

alergia

آلرژی

tosse

سرفه

febre

تب

gripe

آنفولانزا

diarreia

اسهال

dor de cabeça

سردرد

cancro

سرطان

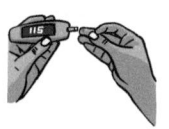

diabetes

دیابت

cirurgião

جراح

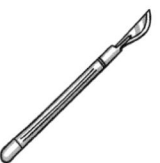

bisturi

چاقوی جراحی

operação

عمل جراحی

CT

سی تی اسکن

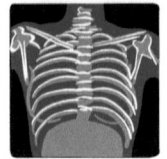

raio x

پرتونگاری

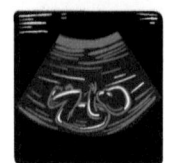

ultrassom

سونوگرافی

máscara

ماسک صورت

doença

بیماری

sala de espera

اتاق انتظار

muleta

چوب زیر بغل

penso rápido

چسب زخم

ligadura

پانسمان

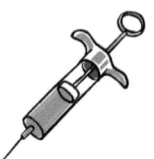

injeção

تزریق

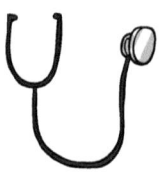

estetoscópio

گوشی طبی

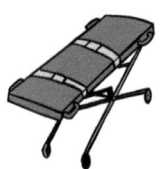

maca

برانکار

termómetro

دماسنج

nascimento

زایش

excesso de peso

اضافه وزن

aparelho auditivo

سمعک

desinfetante

ماده ضد غفونی کننده

infeção

عفونت

vírus

ویروس

HIV / SIDA

اچ آی وی / ایدز

medicamento

دارو

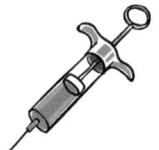

vacinação

واکسیناسیون

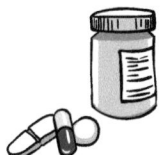

comprimidos

قرص

pílula

قرص ضد حاملگی

chamada de emergência

تماس اظطراری

dispositivo de medição de pressão arterial

دستگاه اندازه گیری فشارخون

doente / saudável

مریض / سالم

emergência

موقعیت اضطراری

Socorro!

کمک!

alarme

آژیر خطر

assalto

حمله

ataque

حمله ی فیزیکی

perigo

خطر

saída de emergência

خروج اظطراری

Fogo!

آتش

extintor de incêndios

کپسول آتش‌نشانی

acidente

تصادف

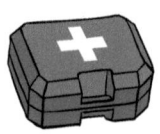

estojo de primeiros socorros

جعبه کمک های اولیه

SOS

درخواست کمک

polícia

پلیس

terra

کره زمین

Europa

اروپا

América do Norte

آمریکای شمالی

América do Sul

آمریکای جنوبی

África

آفریقا

Ásia

آسیا

Austrália

استرالیا

Atlântico

اقیا نوس اطلس

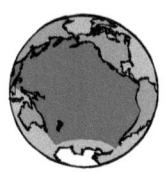

Pacífico

اقیانوس آرام

Oceano Índico

اقیانوس هند

Oceano Antártico

اقیا نوس اطلس جنوبی

Oceano Ártico

اقیانوس منجمد شمالی

Polo Norte

قطب شمال

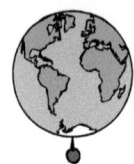

Polo Sul

قطب جنوب

Antártica

قاره قطب جنوب

terra

کره زمین

país

سرزمین

mar

دریا

ilha

جزیره

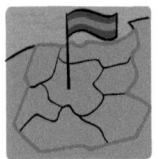

nação

ملت

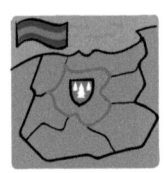

estado

کشور

relógio
ساعت

mostrador do relógio

صفحه ی ساعت

ponteiro das horas

ساعت شمار

ponteiro dos minutos

دقیقه شمار

ponteiro dos segundos

ثانیه شمار

Que horas são?

ساعت چند است؟

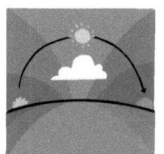

dia

روز

tempo

زمان

agora

اکنون

relógio digital

ساعت دیجیتال

minuto

دقیقه

hora

ساعت

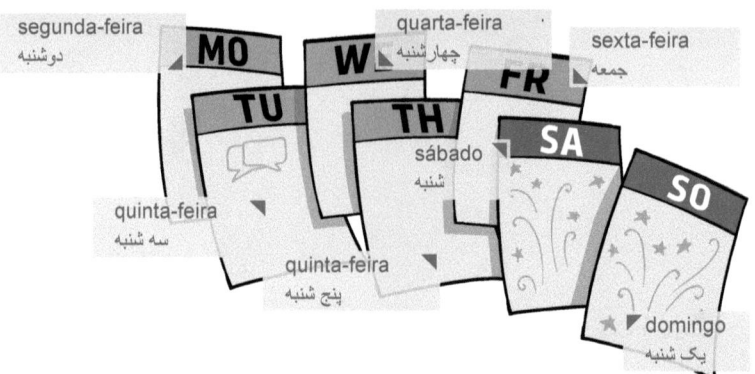

semana

هفته

segunda-feira
دوشنبه
quarta-feira
چهارشنبه
sexta-feira
جمعه
sábado
شنبه
quinta-feira
سه شنبه
quinta-feira
پنج شنبه
domingo
یک شنبه

ontem

دیروز

hoje

امروز

amanhã

فردا

manhã

صبح

meio-dia

ظهر

entardecer

غروب

dias úteis

روزهای کاری

fim de semana

آخر هفته

chuva
باران
arco-íris
رنگین کمان
neve
برف
vento
باد
primavera
بهار
verão
تابستان
outono
پاییز
inverno
زمستان

4.APRIL 11°
5.APRIL 4°
6.APRIL 13°
7.APRIL 8°
8.APRIL 10°

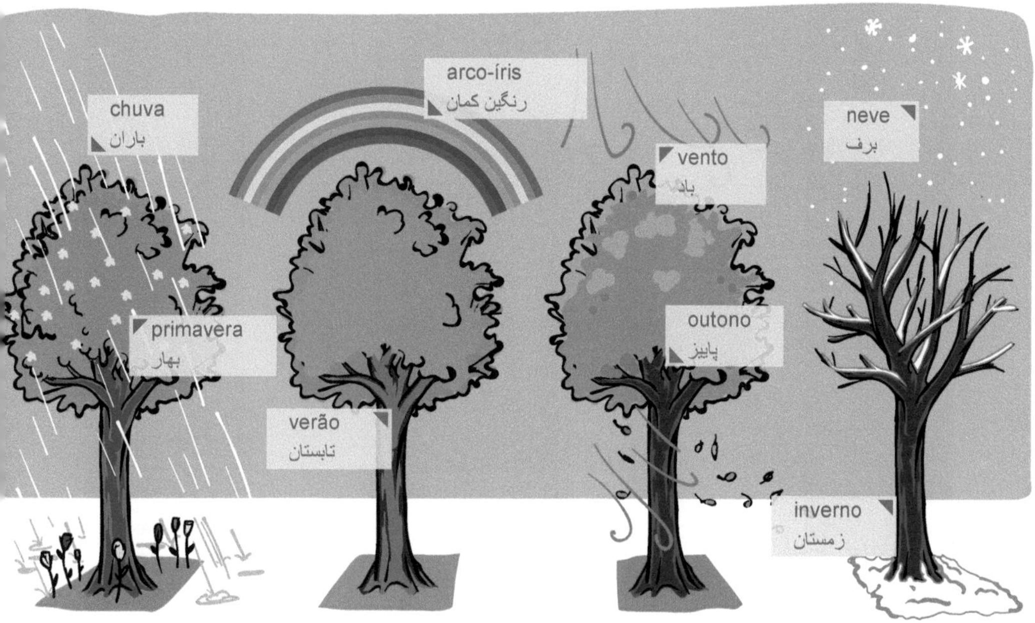

previsão do tempo

پیش‌بینی اوضاع جوی

C
0
10
0
-10

termómetro

دماسنج

raios de sol

تابش آفتاب

nuvem

ابر

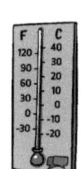

neblina / nevoeiro

مِه

humidade do ar

رطوبت هوا

relâmpago

صاعقه

trovão

آسمان غره

tempestade

طوفان

granizo

تگرگ

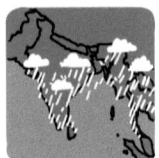

monção

باد موسمی

inundação

سیل

gelo

یخ

janeiro

ژانویه

fevereiro

فوریه

março

مارس

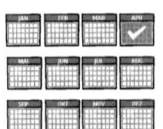

abril

آوریل

maio

مه

junho

ژوئن

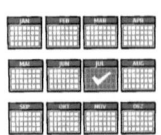

julho

ژوئیه

agosto

آگوست

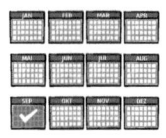

setembro

سپتامبر

outubro

اكتبر

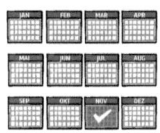

novembro

نوامبر

dezembro

دسامبر

formas

أشكال

círculo

دايره

quadrado

مربع

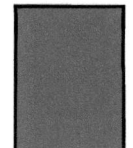

retângulo

مستطيل

triângulo

سه گوش

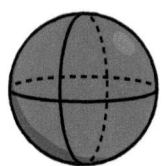

esfera

گره

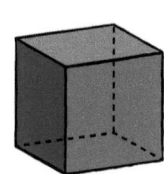

cubo

مكعب مربع

cores

رنگ ها

branco

سفید

amarelo

زرد

laranja

نارنجی

rosa

صورتی

vermelho

قرمز

lilás

بنفش

azul

آبی

verde

سبز

castanho

قهوه ای

cinzento

خاکستری

preto

سیاه

opostos

متضاد ها

muito / pouco

خیلی / کم

furioso / calmo

خشمگین/ آرام

lindo / feio

زیبا / زشت

princípio / fim

شروع / پایان

grande / pequeno

بزرگ / کوچک

claro / escuro

روشن / تیره

irmão / irmã

برادر / خواهر

limpo / sujo

تمیز / آلوده

completo / incompleto

کامل / ناقص

dia / noite

روز / شب

morto / vivo

مرده / زنده

largo / estreito

پهن / باریک

comestível / não comestível

قابل خوردن / غیر قابل خوردن

mau / gentil

غضبناک / مهربان

entusiasmado / entediado

هیجان زده / بی حوصله

gordo / magro

چاق / لاغر

primeiro / último

اولین / آخرین

amigo / inimigo

دوست / دشمن

cheio / vazio

پر / خالی

duro / macio

سفت / نرم

pesado / leve

سنگین / سبک

fome / sede

گرسنگی / تشنگی

doente / saudável

مریض / سالم

ilegal / legal

غیرقانونی / قانونی

inteligente / burro

باهوش / خنگ

esquerda / direita

چپ / راست

perto / longe

نزدیک / دور

novo / usado

نو / استفاده شده

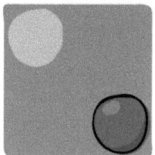

nada / algo

هیچ چیز / چیزی

velho / jovem

پیر / جوان

ligado / desligado

روشن / خاموش

aberto / fechado

باز / بسته

baixo / alto

آهسته / بلند

rico / pobre

ثروتمند / فقیر

certo / errado

درست / غلط

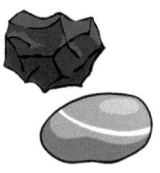

áspero / liso

زبر / صاف

triste / feliz

غمگین / خوشحال

curto / longo

کوتاه / بلند

lento / rápido

کند / تند

molhado / seco

تَر / خشک

ameno / fresco

گرم / خنک

guerra / paz

جنگ / صلح

números

اعداد

0	1	2
zero	um	dois
صفر	یک	دو
3	4	5
três	quatro	cinco
سه	چهار	پنج
6	7	8
seis	sete	oito
شش	هفت	هشت
9	10	11
nove	dez	onze
نه	دَه	یازده

12
doze

دوازده

13
treze

سیزده

14
catorze

چهارده

15
quinze

پانزده

16
dezasseis

شانزده

17
dezassete

هفده

18
dezoito

هجده

19
dezanove

نوزده

20
vinte

بیست

100
cem

صد

1.000
mil

هزار

1.000.000
milhão

میلیون

idiomas

زبان ها

inglês

انگلیسی

inglês americano

انگلیسی آمریکایی

chinês mandarim

چینی ماندارین

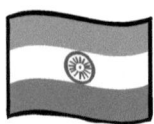

hindi

هندی

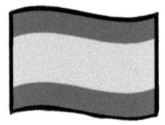

espanhol

اسپانیایی

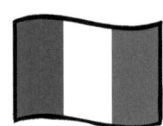

francês

فرانسوی

árabe

عربی

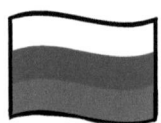

russo

روسی

português

پرتغالی

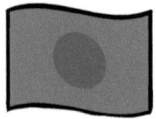

bengalês

بنگالی

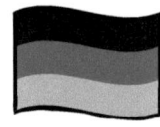

alemão

آلمانی

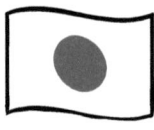

japonês

ژاپنی

quem / o quê / como
چه کسی / چه چیزی / چگونه

eu

من

tu

تو

ele / ela

او

nós

ما

vós

شما

eles / elas

آنها

quem?

چه کسی؟ کی؟

o quê?

چی؟

como?

چگونه؟

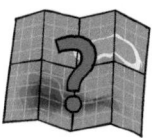

onde?

کجا؟

quando?

کِی؟

nome

نام

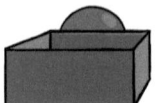

onde
کجا

atrás

پشت

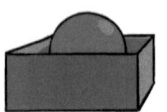

em

توی

à frente de

جلو

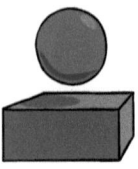

sobre

بالای

em cima

روی

debaixo

زیر

ao lado

مجاور

entre

بین

lugar

مکان